錢塘百詠

（清）楊象濟 撰

據清光緒錢塘丁氏嘉惠堂刻《武林掌故叢編》本影印原書版框高十七點四厘米寬十一點七厘米

錢塘百詠

[illegible]撰

據清光緒丁丑嘉惠堂刻《武林掌故叢編》本影印原書版框高十七點四厘米寬十一點七厘米

光緒乙未六月

錢唐百詠

秀水董念棻署檢

竹書堂丁氏刊行

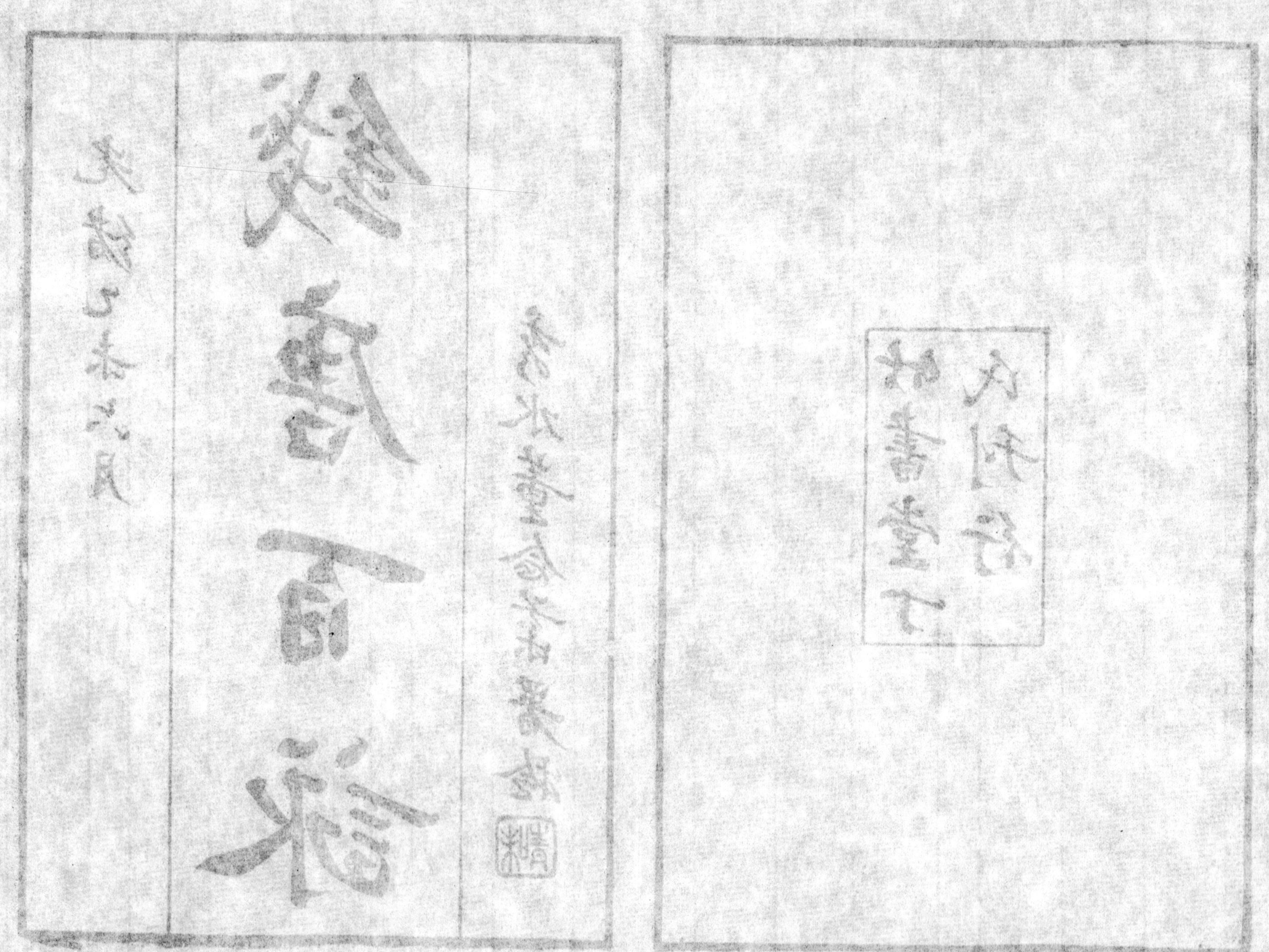

序

昔歐陽文忠公序有美堂曰都會能兼山水之美者惟金陵錢塘而自五代以來百年不見兵革民生繁盛湖山無改則金陵不及錢塘也蓋杭州古隸會稽唐宋以來名卿歷守是邦逮臨安建都宮殿城隍修治壯麗府庫宮室溝池園囿壇場之設皆前此所未有若錢氏所營寺宇不時增築而諸山環西湖抱城迤南至江而止林泉之深蔚魚鳥之幽閒皆足以稱其地於時君相之事業學士大夫之晤歎風俗男女之哀樂與夫詩人烈士浮屠羽客之遺事覽其山川慨然有懷思其得失之故臨風興歌則於是乎在焉因考求遺事舉其所爲興感者爲詩如左其佛老之宮名山幽境可以資登眺者得厠列云秀水楊象濟利叔自叙

錢塘百詠

秀水楊象濟利叔

采葛村娃劇苦辛錦衣歸去沼吳春五湖一舸鴟夷逝終欠黃金鑄美人

競誇捷足似騰騫懷古神從想象傳卻記虎邱山上寺要離冢畔草如烟

湖山鐵券有崇祠納土淮南異代悲千古文章有知己荆公能讀表忠碑

和議謀行自相臣殘棋一局勢難新傷心好語臨安月莫照盧龍塞外人

孤航海外痛飄搖白雁紅羊讖一朝黃織高臺同刼火更何情事話觀潮

濟陽葬地没蓬蒿彌遠奸同古趙高千載傷神駝𤠣嶺松風餘怒鬱寒濤

祕閣何殊二酉寬校書天祿得雄觀宣和舊譜君休讀汴水無聲落照寒

空江雪浪捲長風子政旌旗想象中三戶亡秦誠不易憤王兵勢起江東

候潮門外咽殘更長慶坊前落月明故老莫言張氏事三吳勝地又經兵

素車白馬勢披猖後種前胥我未詳試望步軍場外
路不堪家國痛魚腸

靈武新軍自製裁渡江泥馬大都開長城萬里君輕
壞此日何心論將材

幾曾馬角盼王庭五國歸魂事杳冥慟哭高臺謝皋
羽此間何地種冬青

從古河渠事變更奇功鄭白孰論評鄰侯美政唐書
佚史筆常嫌宋子京

勤王草檄動神兵藁葬忠州恨未平一笑延齡渾腐
草文章地下哭陽城

門牆弈弈煥朱櫺徽國崇祠肅百靈焚草漫言憑筮
卜天心難挽小朝廷

細草離離下夕曛濂溪廟貌蔚靈芬湖烟欲散千山
瞑門外白蓮涼似雲

將門家世荷龍光擲地金鑪事渺茫猶使考亭留曲
筆今人何獨怨循王

撼山撼岳敵人寒指日輕車踏賀蘭不是相臣論復
辟朝廷何事狃偏安

檜樹枝生宋祚摧輔文遺冢閉黃埃飲酣此日猶君
幸不見金牌詔獄來

騎驢湖上事堪哀投老家園誓死灰曾向靈巖拜公墓蕭蕭松栢黯蒼苔

忠義如君世所需誅奸不就竟捐軀紫陽公論遺編載流恨荆卿哭路隅

剩水殘山不忍看勲名卧虎古來難翠微亭上留詞句老去英雄骨髓乾

樅金伐鼓古杭州陣馬靈旗異代愁錦樹啼鴉生暮色秋風誰拜廣陵侯

魚鱗謡苦哭寒雲倉卒危城國有君萬喙蜩螗吾不問論心曾讀望溪文

遼陽師起靖康後濠泗兵興至正年地下戎衣酬故主宋元遺恨兩忠宣

金沙門外月如霜遺殿誰尋舊鳳凰三日投鞭斷潮信文山功業太倉皇

南昌倉卒羽書馳七國兵機又一時若使忠言能早動何煩鸞輅遠行師

姚江氣魄動坤維鴻爪猶令百世思似此讀書能不負幾人爲辨紀功碑

花宫紫極自乾符改築開平迹未蕪蜥蜴殘碑嗟莫讀松關驛馬記傳呼

常愛坡翁竹閣詩深林窗戸綠陰垂何時放鶴亭邊醉閒了花間一局棋

幾處闌干入畫圖柏堂遺構未荒蕪綠蛾紅燭人如玉更選歌喉一串珠

十年思頴老尚書居士何妨老佛廬欲向惠公尋六一蒲團清坐證如如

酒綠燈紅要軼才望湖樓外畫屏開絕無翻墨遮山句秖效髯蘇大醉來

桓桓大義責桓公自筮占爻識遇窮今日早應知命盡寒泉心自惻孤忠

醉酒高歌挾琵琶婆娑蠻女舞簪花孤臣九死心腸烈樂府人爭幼婦誇

獨將雲水滌塵胸間倚蘇隄七尺筇隔岸鐘聲催落日四山高擁紫芙蓉

柳枝吹絮見鶯啼鴨綠波光欲上隄畫舸紛紛裏湖去一聲款乃破琉璃

傍郡名山錦繡張金陵山水歎兵荒林泉正賴盧陵筆爲記梅公有美堂

文章子野亦神仙楓葉吳江句並傳花月得名誰可比曉風殘月柳屯田

暗香斜月影扶疏，尚有梅花傍故廬一事千秋八絕倒不教詞賦擬相如

買田準擬隱山樊訪戴山陰棹遠村絕憶舊時徐處士梅花風雨閉蓬門

經卷繩牀畫裏詩丹鉛手錄靜研披淸時未礙狂歌客風調吾思丁翰之

西泠寓客比鷗閒懶踏雲峯晝掩關渾似舊人姜石帚臥聽柔櫓過窗間

駕鶴驂鸞任醉顛揮毫落紙寫雲烟不爲君用君安置大誥知難殺泠仙

香風羅綺日經過城拂千松郭遶荷等是金迷紙醉地十三樓上月明多

孤山孤絕入荒寒容膝三椽住亦安也欲逃名學梅隱後園更置竹千竿

十國春秋閱數沙空令環珮想容華金根歸去玉魚冷三月濃春陌上花

巖壑重重見晚嵐山名寶石愜幽探四朝聞見增惆悵作記難邀陸劍南

一角南山掩碧重斜陽古塔隱雷峯小樓春事匆匆盡今夜關心聽晚鐘

龍飛鳳舞到錢唐郭璞遺書語未荒憑弔南山一坏
土百年前後兩家王

且住稽留一覲吟平生嵩少未登臨古懷漫溯唐虞
上洗耳高風不可尋

幽深洞壑敞金庭莫問仙貓化古靈山殿一燈明月
裏白猿松下坐聽經

無心雲鶴去來緣枕石松陰得晏眠衣上黃塵爭可
洗山僧爲指再來泉

名山抱牘氣何窮捲幔林泉入鏡中安得一州容我
傲餘尊便擬醉山公

貼地金蓮幾廢興江山無恙客重登佛家自有慈河
水九品誰參最上乘

七寶山前坎卦壇垂垂磐石奠還安鐵犀鎮水尋常
事勒石摩厓可是難

日月巖頭埋古翠董君詩句至今留謝家幽夢尋無
着芳草池塘寫客愁

迴龍橋轉抱靑溪靈鷲當前翠撲隄暫借流淸鑒毛
髮林風肅肅竹雞啼

風裳水珮是耶非門外湖光水鳥飛曾記斷橋隄上
泊蘋花香襲酒人衣

齋厨鐘鼓飯千僧施捨三民設釆繒選佛場中身可上幾人心印證傳燈

眼前得失萬緣空瘴海茫茫路未窮放下屠刀便成佛人間何事擾雞蟲

鳳翔迎骨古猶然闢佛爭堪繼古賢任說商人能事鬼青紅兒女擲金錢

粼粼門外水田衣寂寂茆庵掩翠微山徑無人禽自下一僧攜杖共雲歸

蒼藤裂石裏莓苔穀雨新茶試一杯未得芒鞵到南嶽會看泉脈虎攜來

松巔高閣昔嘗遊多喜籃輿穩似舟一勺清風嘗法雨桂花香裏滿山秋

清泉珠濺韻琤琮澗底眞疑卧玉龍不羨黃華水簾好數峯高絕畫春容

紫雲古洞森垂乳近日香山地作鄰相約烹泉佳士共道傍敲火煮松筠

紛紛劉項總浮漚得失何心擾未休頑石無心自今古當時曾繫祖龍舟

棲眞祠地古雲林流水松風見道心一綫翠微亭上路巖頭小住聽幽禽

大觀臺古屹城中顧盼關山氣象雄往日胡公曾駐節平倭難没一時功

投老黄冠作客星藥鑪丹鼎劚芝苓文皇御札籠紗在遺跡荒涼禮斗亭

裙釵矢志冽秋霜巾幗鬚眉意氣昂一向秀姑墳下拜巖閒松柏土猶香

幽窗冷雨逼三更羅帶同心幾綰成一種傷心春草色天公作意畫癡情

繞湖樓閣掩窗紗鎮日濃陰意轉賒那有風懷說蘇小碧桃花襯雨絲斜

幽境東陽昔已聞流泉戛玉瀉寒雲便呼漫叟茆亭下韶濩雲山僕和君

螺旋古洞蓄烟霞入夢金身異代誇丹壁千尋題句遍可無詩筆走龍蛇

赤龍白帝闕幽靈山色烟光分外青安得天瓢蘇四海看君滿腹吐雷霆

洞庭仙樂奏鈞天金鼓聲從鑿石傳信有元音在山澤魚龍幽怨泣冰紈

清談晉世解忘形元理誰傳抱璞經便擬移家句漏住北窗高臥飯松苓

五丁鑿險未矜奇眞信愚公山可移爲語巖頭神運
石飛來或自古仇池

金莖仙醴挹天漿行樂宮中正未央痛飲黃龍君莫
問烏程美酒醉吳娘

米汁聊堪醉一杯穿林翠羽日徘徊綠窗幾換憑欄
客尚有淸風欵欵來

南高峯對北高峯明鏡中涵黛色濃安得長虹跨橋
起仙人騎杖葛陂龍

陸氏茶經富采收風鑪高枕坐淸秋露芽顧渚平生
福涼夢松陰試一甌

讀書臺古半莓苔奇字琳琅鑿璞開安得攜將三萬
卷此間面壁十年來

韜光庵裏竹千竿細路秋蛇曲曲蟠格磔幽禽飛不
盡泉聲攙入綠雲寒

一樣鈐山嗜古編蘭亭燈影寫蠶眠丹青容易淪灰
燼快意人猶爲木棉

格天一德邁伊周又見平泉起綠洲莽莽斜陽紅不
盡蟲聲如弔古時秋

何事山林汚佞璫等閒恭顯擅朝綱千秋特筆爲君
輩猶有王安與呂強

紅塵去住果誰眞化鶴歸來物外身擾擾多生君自
誤鏡花應自悟前因

新居卜築自東坡十笏山堂冐薜蘿居士應尋大慈
寺夜深木客許相過

青城往事鎭堪憐金水盌來好墓田凋盡碧梧文甃
冷耕人隴上拾遺鈿

鱗鱗波影上紅橋載酒香中倚玉簫落絮飄茵春似
海風流重憶小蠻腰

跪地垂楊織縷金紅亭花氣晝深沈瓜皮艇子人三
兩便擬攜柑坐柳陰

古寺從傳天福時白衣入夢事神奇仁謙能刻空王
像眞面廬山果是誰

當窗山遠爭浮翠倚水亭虛不礙雲何必寄詞從翰
墨葛巾藤杖絕塵氛

江頭孤塔勢崔巍下瞰錢塘水一杯爲笑題名向京
洛龍山九日客多來

兩方先後據高城泥首金陵聽死生降表空煩詹鼎
筆英雄千古是田橫

金波花港躍修鱗從悟莊周物外身老向江湖問魚
樂漁竿釣具訪元眞

百年勝迹費搜求曾繫錢唐江上舟一卷新詩風土記西興山色滿高樓